LOUIS BENOIT

BIBLIOTHÉCAIRE EN CHEF DE LA VILLE DE NANCY

1 8 2 6 - 1 8 7 4

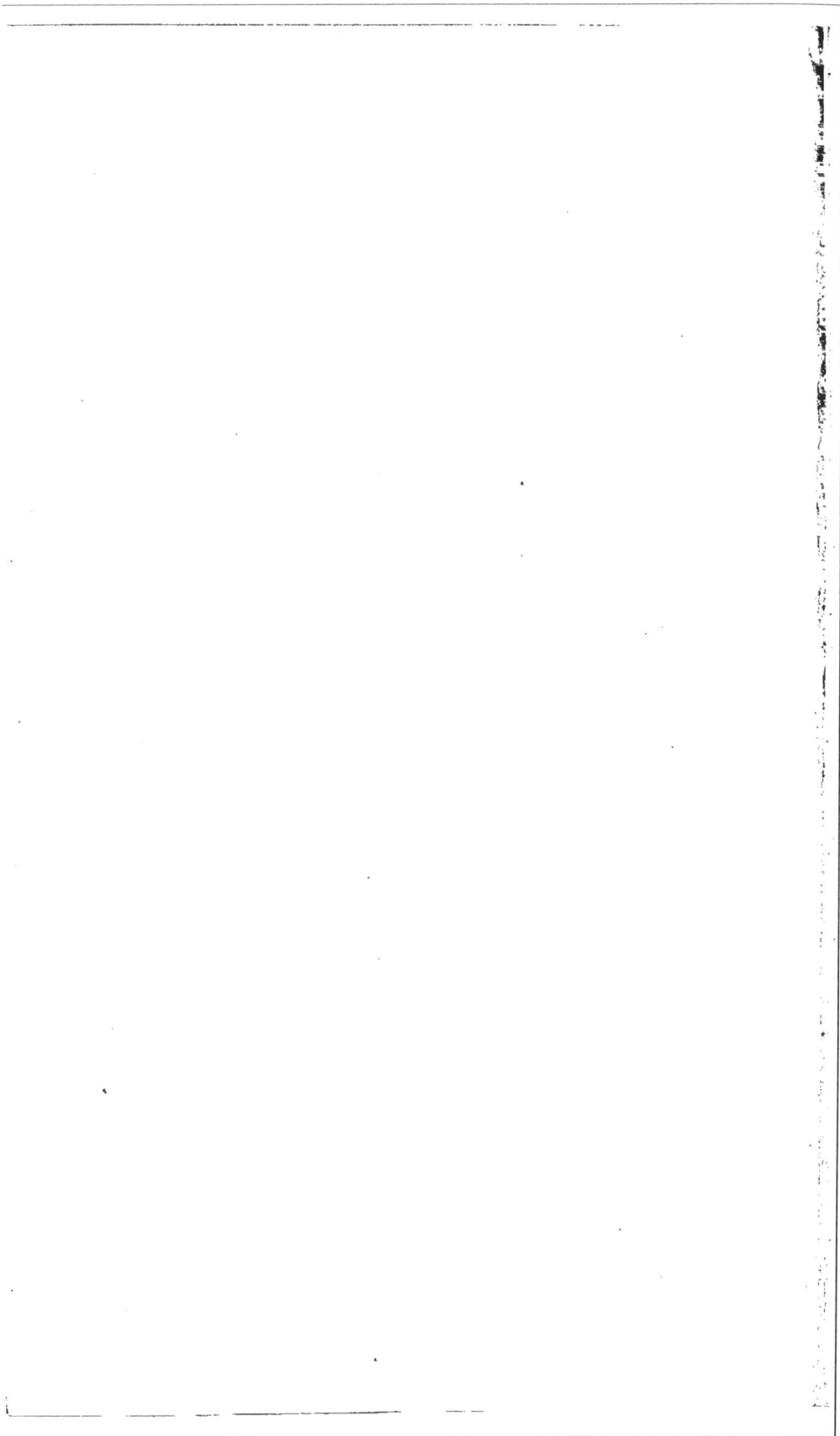

Nous avons encore à déplorer la perte d'un confrère qui, après avoir compté parmi les fondateurs de la Société d'Archéologie, en fut longtemps l'un des membres les plus actifs et les plus dévoués : *Marie-Louis-Victor* BENOIT est mort le 4 de ce mois à la suite d'une longue et douloureuse maladie. Il était bibliothécaire en chef de la ville de Nancy depuis 1867, membre de l'Académie de Stanislas et correspondant de plusieurs autres sociétés savantes.

Il était né à Berthelming le 20 avril 1826(*). Après de bonnes études au collège de Nancy, il avait été faire son droit à Paris et à Strasbourg, puis était revenu se fixer près de sa mère, dans son village natal. L'estime qu'on lui portait le fit appeler aux fonctions de maire de cette commune(**), puis à celles de membre du Conseil d'arrondissement de Sarrebourg, de suppléant de la justice de paix du canton de Fénétrange, de délégué cantonal pour l'instruction primaire, etc.

(*) De feu Nicolas-Etienne Benoit, ancien notaire à Bourdonnay, chevalier de la Légion d'honneur, officier retraité par suite d'blessures reçues à Waterloo, et de Louise-Marie Klein.

(**) Berthelming lui doit d'importantes améliorations principalement pour les chemins vicinaux. Grâce à lui aussi la commune a joui de d'une station de chemin de fer.

Au milieu des devoirs que lui imposaient ces différents titres, son occupation favorite était l'étude de nos antiquités nationales, principalement de la petite contrée au centre de laquelle il avait vu le jour. Il s'y livrait avec une passion toute filiale, si l'on peut s'exprimer ainsi, et il en a consigné le résultat dans d'intéressantes monographies, dont il a enrichi nos publications. Composées presque toujours à l'aide de documents inédits, ces œuvres, nonobstant les légers défauts qu'on peut leur reprocher, ont un caractère d'originalité qui leur donne une valeur incontestable.

Dessinateur habile en même temps qu'écrivain, M. Benoit a *illustré* la plupart de ses productions de planches qui y ajoutent un grand intérêt.

Sa mort laisse dans les rangs de notre Société un nouveau vide qui ne sera pas de sitôt comblé. Les jeunes gens ayant, comme lui, l'amour du travail, le goût des occupations sérieuses, si agréables pourtant, sont rares aujourd'hui ; il en est trop peu qu'échauffe le feu sacré dont il était animé. Sa mort est donc une perte réelle pour nous, et elle nous inspire de vifs regrets, dont la Société a cru devoir consigner l'expression dans le procès-verbal de sa dernière séance.

L'Académie de Stanislas a voulu témoigner aussi de ceux que lui cause la fin prématurée de M. Benoit, et son président, M. Lombard, s'en est fait l'organe dans le discours suivant, que nous nous plaisons à reproduire :

Messieurs,

Devant cette tombe encore ouverte, je viens m'acquitter d'un pieux devoir en disant, au nom de l'Académie de Stanislas, un suprême adieu à Louis Benoit, qu'elle comptait depuis huit ans au nombre de ses membres, et qui lui est enlevé dans la force de l'âge, à la suite de longues souffrances courageusement supportées.

Vous aviez tous, Messieurs, une profonde estime pour ce digne confrère, pour l'honorable bibliothécaire de la ville de Nancy auquel vous aviez confié le soin de vos archives. Vous n'oublierez pas son dévouement, son intelligence à remplir ses fonctions ; vous ne penserez pas sans les plus vifs regrets à l'homme excellent que vous trouviez en toute occasion prêt à seconder vos recherches et vos travaux.

Quand il entra dans cette Académie lorraine, ce ne fut pas sans lui apporter les titres les plus sérieux. Digne enfant de ce pays aujourd'hui démembré, il avait le culte de son passé, l'amour de ses souvenirs. Ses travaux s'étaient portés spécialement sur cette partie de notre chère province, où il avait longtemps vécu, sur ce sol que l'étranger s'est fait livrer pour la rançon de la France ; il s'occupait des antiquités de son pays avec une sorte d'ardeur, de piété toute filiale. De nombreux mémoires, qui tous portent l'empreinte de son esprit investigateur, de son patient travail, resteront pour témoigner du succès de ses recherches. Comme tant de savants modestes, il s'isolait volontiers des agitations du présent pour se réfugier dans ses douces études qui selon une expression sortie de sa bouche, « calment et reposent ». Il eut le mérite, a dit un excellent juge, M. Beaupré, de fouiller heureusement les témoignages d'une histoire peu connue, celle de la Lorraine allemande à l'époque gallo-romaine et dans les temps féodaux.

Joignant à un style exact le talent du dessinateur, il sut illustrer ses descriptions par la reproduction fidèle des monuments et des débris du passé qu'il interrogeait. C'est ainsi qu'il a rendu doublement service] à notre histoire locale. Ses œuvres sont de celles que la science archéologique de notre pays ne négligera jamais. Nous tous, enfin, nous devons une reconnaissance toute particulière, dans les tristes temps où nous sommes, à ceux dont les travaux contribuent à perpétuer l'esprit lorrain, l'unité morale de contrées d'un même pays que le malheur des temps est venu séparer.

Je n'aurais pas rendu au confrère que nous regrettons tout l'hommage qui lui est dû, si je ne rappelais le sentiment littéraire juste et délicat dont il a fait preuve dans son éloge d'Elise Voïart, en nous retraçant cette existence littéraire qui lui plaisait parce qu'elle était aussi une vie de dévouement et de travail; car son âme était surtout sensible à ces écrits qui s'inspirent d'une morale pure, sans mélange d'esprit de parti ou de coterie, comme il disait. La rectitude de son jugement, la modestie de son caractère, son amour du travail, lui rendaient chers ce solide mérite et cette gloire discrète : il s'honorait lui-même par cette admiration bien sentie.

Nous avons perdu Louis Benoit, mais du moins nous pouvons dire : heureux celui qui, en passant d'une vie à l'autre et allant paraître devant son juge, emporte le gage des modeste vertus que nous aimions en lui.

Puissent ces témoignages de nos regrets, de notre douloureuse sympathie, adoucir l'amère tristesse de sa famille et apporter quelques faibles soulagements au deuil de sa mère.

Les cordons du poële étaient tenus par M. le doyen Chautard, membre de l'Académie de Stanislas ; M. Henri Lepage, président de la Société d'archéologie lorraine ; M. Laprévôte, membre de la commission de la Bibliothèque, et M. F. Pène, membre de la Société des arts.

Nous avons pensé que l'on aimerait à trouver, à la suite de cette notice biographique, la liste des productions historiques et littéraires sorties de la plume de M. Louis Benoit, et dont la plupart ont été insérées dans nos publications.   H. L.

BIBLIOGRAPHIE

Mémoires de la Société d'Archéologie lorraine (1)

1859. — *Notes pour servir à la statistique monumentale de la Lorraine allemande. La maison dite de Landsberg, à Fénétrange; 4 planches; pages 93-98.

1861. — *La pierre tombale de Mathias Kilburger (1621); 1 pl.; p. 1-6.

— — *Le Westrich ; 3 pl.; p. 22-48.

— — *La chapelle castrale de Fénétrange; 4 pl.; p. 106-162.

1862. — Les sires de Fénétrange au commencement du XIVe siècle et la pierre tombale de Henry-le-Vieux, mort en 1335; 3 pl.; p. 149-193.

— — *Répertoire archéologique de l'arrondissement de Sarrebourg; p. 1-50.

1863. — *Notes sur la Lorraine allemande. La pierre tombale d'Arnould Souart, bailli du prince de Vaudémont, mort en 1698; 1 pl.; p. 13-26.

1864. — *Les corporations de Fénétrange; 4 p.; p. 43-71.

1865. — Les voies romaines de l'arrondissement de Sarrebourg; carte; p. 14-29.

— — *Numismatique de la Lorraine allemande (Fénétrange-Lixheim); 2 pl.; p. 181-204.

1. L'astérique indique les tirages à part.

1866. — *Etude sur les institutions communales du Westrich et sur le Livre du Vingtième jour de Fénétrange; 2 pl.; p. 174-259.

1867. — *Elisabeth de Lorraine, régente de Nassau-Saarbruck et le burgfrid de Niederstinzel; 1 pl.; p. 137-168.

1868. — *Notice sur l'église de Fénétrange; 5 pl.; p. 233-257.

— — *Notice sur des antiquités du département de la Meurthe et des cimetières de la période gallo-romaine; 5 pl.; p. 361-388.

1870. — *Pierres bornales armoriées (Meurthe, Bas-Rhin, Vosges); 14 pl.; p. 139-192.

Journal de la Société d'Archéologie lorraine

1855. — Discours prononcé sur la tombe de M. Jules Beaupré.

1860. — *Notes sur la Lorraine allemande. Les rhingraves et les reîtres pendant les guerres de religion du xvi° siècle; 2 pl.; p. 75-238.

1861. — Lettre sur la restauration de l'église de Munster (Meurthe); p. 63.

1862. — Trouvaille de monnaies à Oberstinzel: p. 184.

1865. — Les pierres tombales de l'église de Vic-sur-Seille; 2 pl.; p. 198-200.

1867. — Notes sur la Lorraine allemande. Jean IX, comte de Salm; 1 pl.; p. 6-15.

— — *Tombeau de René de Beauvau et de Claude de Baudoche au Musée lorrain; 1 pl.; p. 39-45.

— — Inscriptions funéraires dans l'église de Novéant-aux-Prés; p. 45.

— — *Le prieuré et la croix expiatoire d'Insming; 1 pl.; p. 154-163.

1868. — La Vénus de Scarponne; 1 pl.; p. 215-217.

1873. — Les pierres tombales de l'église paroissiale de Vic-sur-Seille; p. 156.

Bulletin de la Société pour la conservation des Monuments historiques d'Alsace

1863. — La pierre tombale d'Ulrich de Ratsamhausen et de Marie d'Andlau dans l'église de Fénétrange; pl.; p. 23-25. Strasbourg, veuve Berger-Levrault.

1865. — *Craufthal (*Claustriacum*); 2 pl.; p. 170-191.

Bulletin de la Société d'Archéologie et d'histoire de la Moselle

1863. — Notice sur des fragments de carrelage découverts à Sarrebourg et à Fénétrange; 1 pl.; p. 83-84.

1864. — Une divinité celtique à Stultzerbronn; p. 75.

1865. — Note sur Antoine de Lutzelbourg, sieur de Sarreck; p. 65-68.

Mémoire de l'Académie de Stanislas

1868. — *Eloge de Madame Elise Voïart. Discours de réception, suivi de la liste des ouvrages de Madame Elise Voïart; portrait; p. CXLIX-CLXVII.

L'indicateur, journal de Sarrebourg

1866. — Les sires de Fénétrange et la ville de Sarrebourg (11 janvier-22 mars).

Notes sur la peste bovine au XVIIIᵉ siècle.

Les Petites Affiches, journal de Lunéville

1869. — A. Joly, architecte et bibliothécaire à Lunéville (25 avril-1ᵉʳ mai).

M. Benoit a publié aussi des articles dans le *Moniteur de la Meurthe, le Monde illustré,* etc.

(Extrait du Journal d'Archéologie lorraine

Nous apprenons à l'instant la fin regrettable d'un de nos concitoyens les plus estimés, M. Louis-Marie-Victor Benoit, Bibliothécaire en chef de la ville de Nancy, membre de l'Académie de Stanislas, ancien maire de Berthelming.

(NANCY, Journal de la Meurthe et des Vosges, 8 décembre.

Hier à onze heures, ont eu lieu les obsèques de M. Louis Benoit. Une foule nombreuse a voulu donner à sa famille un dernier témoignage en accompagnant le défunt jusqu'à sa dernière demeure. La ville de Nancy fait une perte sensible en la personne de M. Benoit. Chercheur passionné, travailleur infatigable, le bibliothécaire de Nancy connaissait à fond l'Archéologie lorraine. Il était naturellement désigné pour veiller sur le précieux dépôt de notre bibliothèque, il aimait assez les livres pour trouver le bonheur en vivant au milieu d'eux. Une maladie brutale l'a frappé à l'improviste et l'a enlevé au moment où il était en pleine possession de son esprit et où il pouvait encore rendre de grands services à la science.

(NANCY, Progrès de l'Est, 8 décembre.

Lundi dernier, un grand nombre de nos concitoyens conduisaient à sa dernière demeure, M. Louis Benoit, bibliothécaire de Nancy, mort à la fleur de l'âge d'une maladie de cœur. Chacun déplorait la perte d'un homme zélé, infatigable, connaissant à fond l'archéologie lorraine et remplissant ses fonctions avec une urbanité parfaite. Par son instruction et ses aptitudes spéciales, M. Benoit était appelé à rendre les plus grands services à la cité.

(NANCY, *Courrier de la Moselle*, 10 décembre)

M. Louis Benoit, bibliothécaire en chef de la ville de Nancy, vient de succomber dans cette ville à une longue et douloureuse maladie, supportée avec le plus grand courage et la plus grande résignation. Né à Berthelming en 1826, M. Benoit y exerça longtemps les fonctions de maire, la confiance de ses concitoyens l'avait appelé trois fois au conseil d'arrondissement, dont il fut plusieurs années le secrétaire.

Mais ses titres les plus durables sont ses curieuses recherches sur le pays de la Sarre, dont l'histoire jusqu'alors était presqu'inconnue. Ses monographies sur la petite ville de Fénétrange obtinrent de suite le suffrage des érudits les plus compétents.

« Joignant à un style exact le talent du dessinateur, il sut illustrer ses descriptions par la reproduction fidèle des monuments et des débris du passé qu'il interrogeait. C'est ainsi qu'il a rendu doublement service à notre histoire locale. Ses œuvres sont de celles que la science archéologique de notre pays ne négligera jamais; » ainsi, s'exprimait sur sa tombe M. le professeur Lombard.

M. Benoit était membre correspondant de l'Académie de Metz, de la Société d'histoire de la Moselle, de l'Académie de Stanislas, sa mort a occasionné d'unanimes regrets et laisse inconsolables sa famille et ses amis, qui lui donnèrent dans le cours de sa maladie de si sympathiques marques d'affection.

METZ. Vœu national. 15 décembre)

Nous apprenons la mort de M. Louis Benoit, bibliothécaire en chef de la ville de Nancy, né à Berthelming en 1826, il avait fait une partie de ses études à Strasbourg, où il conserva des amis.

Il laisse d'intéressantes monographies sur le pays de la Sarre; il a publié trois mémoires dans le Bulletin de la société pour la conservation des monuments historiques, le premier relatif à la pierre tombale de Mathias Kilburger, mort en 1621 ; le second sur la tombe d'un sire de Ratsamhausen dans l'église de Fénétrange, et le troisième sur l'abbaye de Craufthal, ce pittoresque hameau qu'ont illustré les jolies lithographies de Sandmann et de Rothmüller.

M. Benoit fut successivement maire de Berthelming. suppléant du juge de paix de Fénétrange et conseiller de l'arrondissement de Sarrebourg. A la bibliothèque de Nancy, son dernier poste, il s'occupa avec amour de la collection des *Lotharingica*; le public et les savants appréciaient sa courtoisie, aussi sa mort prématurée, est-elle l'objet de regrets unanimes. R.

(STRASBOURG. Indicateur central d'Alsace, 25 décembre)

Der archäologische Verein von Lothringen erlitt im verwichenen Monate ein sehr empfindlichen Verlust. Herr Ludwig Benoit, Mitglied dieses Vereins und der Academie Stanislas und Bibliothekar de Stadt Nanzig, starb eines frühzeitigen Todes, im kräftigsten Mannes-Alter, den 4. Dezember 1874 in dieser Stadt. Er würde in dem jetzt annexirten Dorfe Berthelmingen im Jahre 1826 geboren un verwaltete dasselbe als Maire während einer Reihe von Jahren. Er hatte sich durch seine in Druck erchienenen historischen Werke über die Saar-Gegend, das Städtchen Finstingen und die eingegangene Abtei Crauffthal und seine bibliographischen Kenntnisse rühmlichbekannt gemacht. Sein Tod war ein trauriges Ereigniss nicht nur für das französische sondern auch für das deutsche Lothringen. Die Civilbehörden. die Professoren der Facultäten, die Mitglieder der gelehrten Gesellschaften und viele Bürger von jedem Range und Stande begleiteten den Leichenzug, und allgemein war die Trauer. Er ruhe im Frieden!

(SAVERNE, *Wochenblatt, 6 janvier 1875)*
(et SARREBOURG.) Wochenblatt du 9   id.)

Sarrebourg, Imprimerie E. MORIN

www.ingramcontent.com/pod-product-compliance
Lightning Source LLC
Chambersburg PA
CBHW061815040426
42447CB00011B/2663